Alma de Colibrí

Antología breve de poesía latinoamericana

Selección y prólogo: **Omira Bellizzio Poyer**
Ilustraciones: **Adriana Franco**

Poetapop

Poetapop

Alma de colibrí
Antología breve de poesía latinoamericana
Colección Versos amigos
Primera Edición, 2025

Selección y edición de poemas: Omira Bellizzio Poyer
www.omirabellizzio.com @omirabell
Ilustración, diseño y diagramación: Adriana Franco
@adrixdesigns
Corrección editorial: Linsabel Noguera Lameda
@linsabel.noguera

Publicado en / Published in the United States of America by Poetapop LLC
info@poetapop.com
www.poetapop.com
@poetapop

ISBN: 9798986996271
Library of Congress Control Number: 2024922754

Alma de colibrí, de ruiseñor trinante
embebido de néctar y de amores,
buscando arcoíris al centro de las flores,
pintando en travesías otros sueños,
cartografiando en mapas nuevos mundos

Fragmentos del poema "Como el alma del niño"
de Marietta Cuesta Rodríguez

A la memoria de
Marietta Cuesta Rodríguez, Felipe Angellotti
y Edmundo Torrejón Jurado.

¡Cuánta belleza puede contener una pequeña ave de colores vibrantes y vuelo acelerado hacia todas las direcciones! Una pequeña ave que llega a suspenderse en un punto para atrapar versos en el aire y obsequiarnos con luminosidad su itinerario poético.

¿Sabías que el colibrí habita nada más en el continente americano? Esa deslumbrante gema voladora es conocida a lo largo y ancho de América con distintos nombres: tucusito, picaflor, chupaflor, chupamiel, zunzún, chuparrosa, runrún, tominejo, chupamirto, pájaro mosca, rundún, ermitaño, pingarita, zunzuncito, huitzil, mainimbú, zafiro, esmeralda, zumbador, quinde, cabeza de rubí, pico de sable. Veintitrés maneras de nombrarlo y aún más, porque en algunos lugares también le dicen hada de colores.

En esta antología te presento las voces poéticas de mis amigos de encuentros literarios. Veintidós autores y autoras se unen a los versos de la poeta ecuatoriana Marietta Cuesta Rodríguez, quien reúne en un hilo amoroso el sentir del colibrí desde su poema "Como el alma del niño", que abre a manera de epígrafe este libro. Distintas generaciones de poetas nacidos entre 1938 y 1983 invitan al lector a mirarse en su obra, a enriquecerse en sus imágenes metafóricas y a transitar en el descubrimiento de su esencia.

Los colibríes tienen la magia de las burbujas al jugar con el sol. Su iridiscencia cautiva a los habitantes de la Tierra. Con Alma de colibrí, tengo la seguridad de que los jóvenes disfrutarán del jardín multicolor de la lengua española y de la riqueza de las palabras, que son el tesoro de nuestra herencia cultural latinoamericana.

Omira Bellizzio Poyer

DANZA

Entre flores aromáticas
danza un ser de mil colores.
Sus alas, pinceles de luz y de alegría,
pintan el aire con su gracia y fantasía.

Es un susurro de vida,
un destello fugaz,
un ser diminuto
que en el viento se desliza.
Su plumaje,
un arcoíris en movimiento,
brilla con la intensidad del sol.

Dos luceros que con pasión brillan,
reflejan el destello del sol.
Su pico, una aguja de néctar
y dulzura,
con delicadeza y ternura
se sumerge en las flores.

Una danza de libertad y encanto,
es su vuelo.
Se desliza entre las hojas
como un rayo de tormenta.
Sus movimientos, rápidos y gráciles,
nos envuelven en un torbellino.

Es un poeta alado, un verso en el aire,
que escribe con su aleteo al viento
la esperanza de la naturaleza.

Lina Zerón

COLIBRÍ

Rayo en el viento,
espejo de mil colores,
fugaz destello.

Entre el rocío,
el colibrí danzando,
besa el jardín.

Colibrí brillante,
vuelo errante,
susurro en el viento,
en flores posado,
tu canto encantado.

Aleteo leve,
susurro entre las flores,
colibrí se va.

Danilo López-Román

COMO EL COLIBRÍ DE VIERNES SANTO

Nadie supo cómo entró,
pero allí estaba:
un colibrí danzando con fuego en las alas
alrededor de una ventana de cristal,
convencido de que aquella transparencia
lo conduciría al sol.

Giraba, incansable,
como un pequeño Dios del aire
buscando la grieta del cielo.
La luz se rendía sobre su plumaje,
dibujando destellos,
como si el alma misma se reflejara en su vuelo.

Fue Yini Rodríguez,
la escritora de ojos atentos,
quien lo encontró en una esquina del silencio.
Se estremeció al verlo,
como si el espíritu de la esperanza
hubiera tomado forma alada.

Nicolás, al saberlo,
subió corriendo las escaleras junto a su madre,
con la emoción brotando en los talones.
El colibrí seguía girando, incansable,
como si tejiera un conjuro de libertad.

Llamaron a José Luis Bustamante,
el pintor del monte y el tiempo,
que en su estudio majestuoso tejía paisajes con pinceles.
Minerva Bretón, su musa, le acompañó.
Y todos, uno a uno,
se unieron en silencio alrededor de aquel visitante sagrado.

Entonces apareció la llave,
esa llave antigua que abre más que puertas.
Abrieron la terraza superior,
y fue la brisa,
como un susurro divino,
la que condujo al colibrí hacia la salida.

Allá afuera,
el cielo se extendía en calma,
porque los incendios habían cesado,
y aquel Viernes Santo de 2025
la paz regresaba a la tierra.

El colibrí,
liberado,
agitó sus alas en un adiós luminoso,
y ante nuestros ojos asombrados,
se perdió en el horizonte
como un milagro que no quiso quedarse.

Yini A. Rodríguez Díaz

AZU-LADO COLIBRÍ

A Venezuela

Sujeto plumaje. Colibrí.
Remonta dulce tu vuelo... tu perpetuo aliento
En el pico de tu altura   zumba el verdor... nuevos eneros.
Alas en   ceñidos linajes de tus colores y soles.
Son tus patas... Colibrí

Batallas   litorales   zumbidos de puños y lino.
Vuela... a tu objetivo.   Vuelo agudo.
Sssssube. Sube   sobre tu altura.

Aletean plumas... sobre las nubes...
Flor libre... besa tu árbol   tu pico fértil... tu altura.
No colmenas sin rumbos... no susurros de esperas.
Colibrí   vuela   sobre tu altura.

Norma Feliz Peralta

COLIBRÍ

Libre en la naturaleza
se mueve con rapidez
mil movimientos a la vez
un colibrí con destreza.

No se detiene un instante
en su empeño de libar
y del hibisco sacar
néctar dulce y abundante.

Se dice del picaflor
que nos purifica el alma
y nos regresa la calma
como el perfume a la flor.

Mayra Sablón

EL COLIBRÍ

De la vida busco la dulzura
y del aire la alegría.

No miro nunca hacia el atrás
ni digo piedras contra el mundo cuando bailo con mi vuelo.

Tengo un duende de fiesta en mi corazón de rayo.

Soy Guerrero. Soy David contra Goliat
y siempre gano la batalla.

Soy juglar de los cupidos y el cortejo.
Nada ni nadie droga mi camino:
mi corazón de fiesta no requiere aditamentos.

Si a alguien se le apagan las ganas de la luna
yo soy la miel que alumbra los tesones.

Si alguien se duele con navajas en el alma
yo soy el hada que canta los alivios.

Yo sé de flores y la esencia para el vuelo del espíritu
Yo sé que todo lo que toco se convierte en alegría.

Carlos Manuel Villalobos

UN SONIDO GALÁCTICO

El viento mece
el canto de los pájaros,
las nubes bailan
bajo el hechizo del sol
que las viste de dorado.

El verde de la hierba
se oscurece y entre
las campanillas moradas
se oye un sonido galáctico,
un aleteo constante.

Cierro los ojos
me uno al canto
que viaja en el tiempo,
en el espacio
y cuando los abro
lo veo por primera vez.

Un pequeño colibrí
suspendido en el aire
desafía la gravedad,
su largo pico desaparece
en la matriz de una flor.

Y comprendo que
tanto él como yo
llevamos en la sangre
el aroma de las flores,
y polvo de estrellas.

Diana Rodríguez

PARA QUE SIEMPRE LLEVES MI CORAZÓN CONTIGO

En vez de amigos,
los ricos tienen mayordomos,
choferes y mucamas.
Por suerte, yo te tengo a ti,
muchacha de la sonrisa
más dulce que todas las rosas.

En la fragancia de tu voz
baila el más regio colibrí.

Edgardo Nieves Mieles

VUELA COLIBRÍ

¡Vuela, vuela, colibrí!
Tus alitas no se cansan
aleteas tan de prisa
que no mides las distancias.

Quiero pedirte un favor:
Cuando termine la escuela
llévame muy rapidito
a la casa de mi abuela.

Ella me guarda galletas
y si ve que vas conmigo
te regalará muchas flores
de néctar dulce y divino.

Aracelis Reyes

COLIBRÍ DEL NORTE

A María Esperanza, mi madre.

Colibrí,
soy la flor que danza vientos
del norte

y tú, el mago de los desvelos,
que vas y vienes
deshojando en el cielo
pinceladas tornasol añil.

¿Qué guardas entre tus alas?

¿El rumor de los versos,
los colores de los sueños
o el aroma fugaz de abril?

Colibrí, festín de besos
de la flor escondida
en su pecho: mi jardín.

Omira Bellizzio Poyer

MENSAJERO

El cielo traza un poniente al mensajero de los dioses
Defensor del secreto
Avecilla reina del campo florecido
En ti
Se despliega el asombro
Rayo esmeralda
Ondeante
Sabio
Clarividente
Cautivas la ceguera y encarnas la gracia.

Mi generoso danzante del aire
Sutil
Etéreo en tu belleza
Trae a mí el secreto del silencio
Poliniza al corazón en novilunio
Para que jamás los hombres enjaulen tu vuelo.

Saeta omnipresente
Yo te ofrezco un nicho, en mis palabras
Así podrás escapar del que ve tras las sombras
O de aquella que repta para hacerte su presa.

Anna Francisca Rodas Iglesias

COLIBRÍ

Antes que Nasca
Colibrí de mis ensueños
Línea mágica
Que ha norteado mis vuelos
Roca tántrica
Potenciando mis desvelos
Cobra tu vida
Y mi angustia aniquila
Antes que nazca

Malu Otero

COLIBRÍ

Revolotea de prisa entre las acuarelas,
un pincel encierra en sus ojos el brillo,
sus alas agitan el papel que las retrata...

Cuando mamá habla de ellas,
llegan hasta su jardín,
rondan sin vacilación el encanto de la sabia.
Besan como besan los cielos,
ungidos del color que no teme a la tristeza.

Aprenden a volar cuando observamos su paso,
saben que en nuestras pupilas hay tanta sed,
tanto frío,
tanta angustia.

Cuando vuelvan, traerán el corazón bajo sus brazos.

María Belén Muñoz

MARIETTA, COLIBRÍ DE CUENCA

Un ave que no es ave
la lleva por lo alto a su tierra natal
¡¡Hada de los mil versos!!
El arcoíris a lo lejos muy lejos se divisa
van desapareciendo sus colores
despintando el aura de los dioses.
Un duende triste lee tus poemas.
Los zunzuncitos revolotean
mientras las campanas tintinan
su doliente... talán, talán.
Es por Marietta
la poeta.

¡¡Marietta, despierta!!
Voces en el infinito, ella no está,
se fue por el puente de algodón
al nunca jamás
se escucha un pasillo triste
una nana canta.
¿Dónde estás Marietta?

Tus libros esperan, sus hojas quieren volar
tus versos están en sus páginas
mezcladas de amor,
protesta,
de manzanas, agua, luna,
va en un tren de canciones el caracol perdido,
y florecen universos, y muchos versos más.

En vuelo allá va, con la mirada vivaz el colibrí
que busca el néctar de tus labios en flor
no llores zunzuncito, ella te espera en lo alto
allá donde la luna alumbra a su Cuenca amada
es noche de luna y duendes
vuela, vuela pajarito, vuela, vuela hasta la luna
pajarito de los espíritus buenos
tráenos su sonrisa, sus poemas.

Marietta, Marietta, allá va el mágico colibrí
Mientras escribes poemas en las blancas rocas lunares
se impregna tu sonrisa en nuestros corazones.

Marietta poeta, Marietta mujer y amiga,
no hay olvido... no hay adiós...

Lily Cuadra

EL AMIGO DE MI MADRE

Mamá tenía un cielo de flores
en la inmensidad de mi desierto;
cada mañana al desayunar
un colibrí maravilloso
se posaba en la ventana
y como pájaro carpintero
en el vidrio la saludaba.

Ella sonreía y decía:
es mi hijo perdido
que del cielo viene
a saludarme en las mañanas.

Ahora que ella partió
a los lares de la eternidad
el colibrí regresa algunas mañanas
con los besos de mamá
y una estela de aromas
mixtura de nostalgias y felicidad.

Pedro Serazzi

COLIBRÍ

El espíritu del colibrí
Vástago de soles
Despliega su velamen
en la planicie de Nazca
Mapa cósmico Profecía
de viajeros siderales
Desde arriba   lo rondo   lo acoso
sobrevuelo su huella
Se me queda dormido en el hueco
de mis manos

El espíritu del colibrí   Aire   Amante
Semental de vahos   Verdiazul   cencerro
Enclava el minúsculo relámpago
en la orquídea oscura de la selva

Y al pie de los volcanes   fuego y piedra
abres de amanecida la flor roja del Notro

¡Ah pequeñísimo gigante!
la tierra se hace fértil con tu siembra

Hoy te vi
desarmar la nieve
Transformarla en río
He visto en tu vuelo
la transmutación del agua

Cristina Larco

COLIBRÍ CONFESOR

Aquella mañana
        al alba,
después del gris caos
            – infinitud de la ausencia –
sin docta materia
            – nutriente –
sin diosa energía,
        ni luz.

La vida,
        en el mundo,
                        iniciaba.
Merced al Divino Verbo,
que en su Potestad
                        Soberana,
dictaminaba benévolo:
            dádivas superlativas
                de ventura y felicidad.

Y fue el despertar
                        de la savia,
que hizo surgir
                        a las flores,
dando color y alegría
                        al mundo que se iniciaba.

Pero surgió
                una penuria,
en pistilos, en los pétalos,
            en los tallos y follajes:

Estaban quietos,
                ¡sin marcha!
no podían abrazarse,
tampoco besar sus colores,
ni susurrar primaveras
            en su infinita ternura.

La Potestad
          creó entonces,
al cartero de caricias,
al gitano de amoríos:
          ¡al colibrí mensajero!
 Un confesor,
          digno de flores.

Repartidor de alegrías
en misivas de colores.

Un cupido de los pétalos
que así abrazaban
          su alegría.
 Pero,
      eran mucho más severos,
          su misión y su destino:
¡Debía fructificar
          la vida!
 Con el sorber
          del sabio polen.
Entrelazando linajes,
          del que emergería
el noble fruto:
¡En milagro de milagros!

Edmundo Torrejón Jurado

CHISPEANTE DESDE EL SOL

Diminuto
el colibrí
con reluciente plumaje
suspendido
vibrante

mensajero de los dioses
de los amores
de los deseos buenos
de las ilusiones
llega desde el sol

a los jardines a los niños a los abuelos

es el ángel volador
libando de flor en flor
sembrando amor
al verlo suspendido

se piensa: mañana será un día mejor

su llegada da alegría
el picaflor
mensajero de los dioses
libando de flor en flor
trae esperanza y sueños de amor

Enrique González Arias

CHIRRA COLIBRÍ

Chirra, chirra, colibrí
mensajero y guardián del tiempo
eres bello, acicálate
y vuela a buscar bichitos o néctares de flores
Si quieres jugar, sube y baja
flota y gira, hacia atrás o hacia adelante
liba y liba el dulce jugo de la vida
suspiro de luz, de fina trompeta
varita mágica del sol, de traje colorido
te nombro picaflor, run dun,
pingarita, zun zun, colibrí
pequeño y delicado pajarito
pintura de luz en el aire.

Felipe Angellotti

COLIBRÍ

Buenos días colibrí;
despliegue de colores
y diminutas alas,
vuelos perfumados,
gourmet de dulce polen
y fantasías inhaladas.

Eres la primavera,
mi jardín amado
y la aurora que augura
nuevos tiempos...
Paz, libertad
y acrobacias alíferas.

¡Ah, colibrí!
De cantos largos prolongados
y dialectos llamados "leks"
para atraer a las parejas
tal vez,
en recuerdos
de viejos y antiguos dinosaurios
evolucionando para volar.

¡Ah, colibrí!
¡En Aleluya a la tierra seducida!

Y en hechices a los humanos
en la escuela,
a las hembras en gestación,
a las huestes de avenencia
y a ti mi Eva, en el amor...

Buenos días precioso colibrí...

                                        Ernesto Kahan

COLIBRÍ

Un día un ave me trajo tu alma
En medio de un paisaje en absoluta calma
Fue un colibrí azul y esmeralda
Me dijo al oído que tú me amabas

El lago fue testigo silencioso
Los cisnes se acercaban curiosos
El ave revoloteaba en suspenso
Esperando la respuesta, intenso

Faltaron las palabras y así solamente
Pude responderle con la mente
Se fue al instante y hasta hoy en día
No supe más de ti ni de mi alegría

María Cristina Azcona

VUELO

¿Mensaje o Presagio?...
El colibrí
danza en
mi mano.
Las flores
del ceibo
se estremecen
      con su vuelo.

El colibrí
acaba de pasar
      leve vuelo
        perfuma la tarde.

Y allá
a lo lejos
una melodía
agita los sentidos.

Todo me dice:
      el silencio
        enciende la vida.

Susana Miranda

Mayra Sablón (1960)
Cuba

Norma Feliz Peralta (1967)
Yini A. Rodríguez Díaz (1973)
República Dominicana

Lina Zerón (1959)
México

Edgardo Nieves Mieles (1965)
Puerto Rico

Danilo López-Román (1954)
Nicaragua

Carlos Manuel Villalobos (1968)
Diana Rodríguez (1969)
Costa Rica

Aracelis Reyes (1962)
Omira Bellizzio Poyer (1970)
Venezuela

Anna Francisca Rodas Iglesias (1968)
Colombia

Marietta Cuesta Rodríguez (1955-2014)
María Belén Muñoz (1983)
Ecuador

Lily Cuadra (1949)
Perú

Malu Otero (1958)
Brazil

Edmundo Torrejón Jurado (1945-2024)
Bolivia

Pedro Serazzi (1944)
Cristina Larco (1956)
Chile

Enrique González Arias (1957)
Uruguay

Felipe Angellotti (1938 -2014)
Ernesto Kahan (1940)
María Cristina Azcona (1952)
Susana Miranda (1962)
Argentina

Mapa del Mundo

Poetas de latinoamérica
que participan en la antología

ÍNDICE

Prólogo 5

Lina Zerón, México. DANZA 6

Danilo López-Román, Nicaragua. COLIBRÍ 7

Yini A. Rodríguez Díaz, República Dominicana. EL COLIBRÍ DE VIERNES SANTO 8

Norma Feliz Peralta, República Dominicana. AZU-LADO COLIBRÍ 10

Mayra Sablón, Cuba. COLIBRÍ-PICAFLOR 11

Carlos Manuel Villalobos, Costa Rica. EL COLIBRÍ 12

Diana Rodríguez, Costa Rica. UN SONIDO GALÁCTICO 13

Edgardo Nieves Mieles, Puerto Rico. PARA QUE SIEMPRE LLEVES MI CORAZÓN CONTIGO 14

Aracelis Reyes, Venezuela. VUELA COLIBRÍ 15

Omira Bellizzio Poyer, Venezuela. COLIBRÍ DEL NORTE 16

Anna Francisca Rodas Iglesias, Colombia. MENSAJERO 17

Malu Otero, Brasil. COLIBRÍ 18   María Belén Muñoz, Ecuador. COLIBRÍ 19

Lily Cuadra, Perú. MARIETTA, COLIBRÍ DE CUENCA 20

Pedro Serazzi, Chile. EL AMIGO DE MI MADRE 22   Cristina Larco, Chile. COLIBRÍ 23

Edmundo Torrejón Jurado, Bolivia. COLIBRÍ CONFESOR 24

Enrique González Arias, Uruguay. CHISPEANTE DESDE EL SOL 26

Felipe Angellotti, Argentina. CHIRRA COLIBRÍ 27

Ernesto Kahan, Argentina. COLIBRÍ 28

María Cristina Azcona, Argentina. COLIBRÍ 29

Susana Miranda, Argentina. VUELO 30

Mapa del Mundo, Poetas de latinoamérica que participan en la antología 34

www.ingramcontent.com/pod-product-compliance
Lightning Source LLC
LaVergne TN
LVHW010024070426
835508LV00001B/37